Dieses Buch gehört:

_____

Glücks-
Momente

Eintragbuch

Die Fähigkeit, glücklich zu leben,
kommt aus einer Kraft, die der Seele innewohnt.

MARC AUREL

Ein Augenblick

der Ruhe und des Innehaltens mitten im Alltag gibt neue Kraft und lässt uns durchatmen. Er bietet uns die ideale Gelegenheit, den Kopf wieder freizubekommen, um Platz für alles Kommende zu schaffen. Manchmal hilft das Aufschreiben dabei, besser in sich hineinzuhören: Welche Wünsche und Sehnsüchte habe ich, was macht mich glücklich? Ob spontane Geistesblitze oder heimlich gehegte Wünsche – indem wir sie zu Papier bringen, machen wir sie uns bewusst.

Die Freude ist der Schlüssel zum Glück.

AUS ARABIEN

Dass ich fröhlich bin,

die Sachen leicht nehme, das ist mein Glück.

JOHANN WOLFGANG VON GOETHE

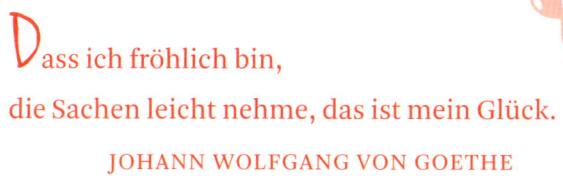

Um zu leben, müssen wir unaufhörlich erobern – wir müssen den Mut zum Glücklichsein haben.

HENRI-FRÉDÉRIC AMIEL

glück ist dort, wo man Glück schenkt.

LADISLAUS BOROS

Wer sagt, dass man Glück nicht essen kann?

NINA SANDMANN

Das Glück kommt nicht ungerufen.
Man muss ihm entgegengehen.

UGO FOSCOLO

glücklich ist einer, der sich bei Sonnenuntergang über die aufgehenden Sterne freut.

ADALBERT LUDWIG BALLING

Das Glück ist wie ein Schmetterling:
Wenn wir es jagen, vermögen wir es nicht
zu fangen, aber wenn wir ganz ruhig
innehalten, dann lässt es sich auf uns nieder.

NATHANIEL HAWTHORNE

Jeder Tag wird dir gereicht, um glücklich zu sein.

JOHANN WOLFGANG VON GOETHE

glücklich ist, wer es versteht,

allen Dingen etwas Gutes abzugewinnen.

WALTER REISBERGER

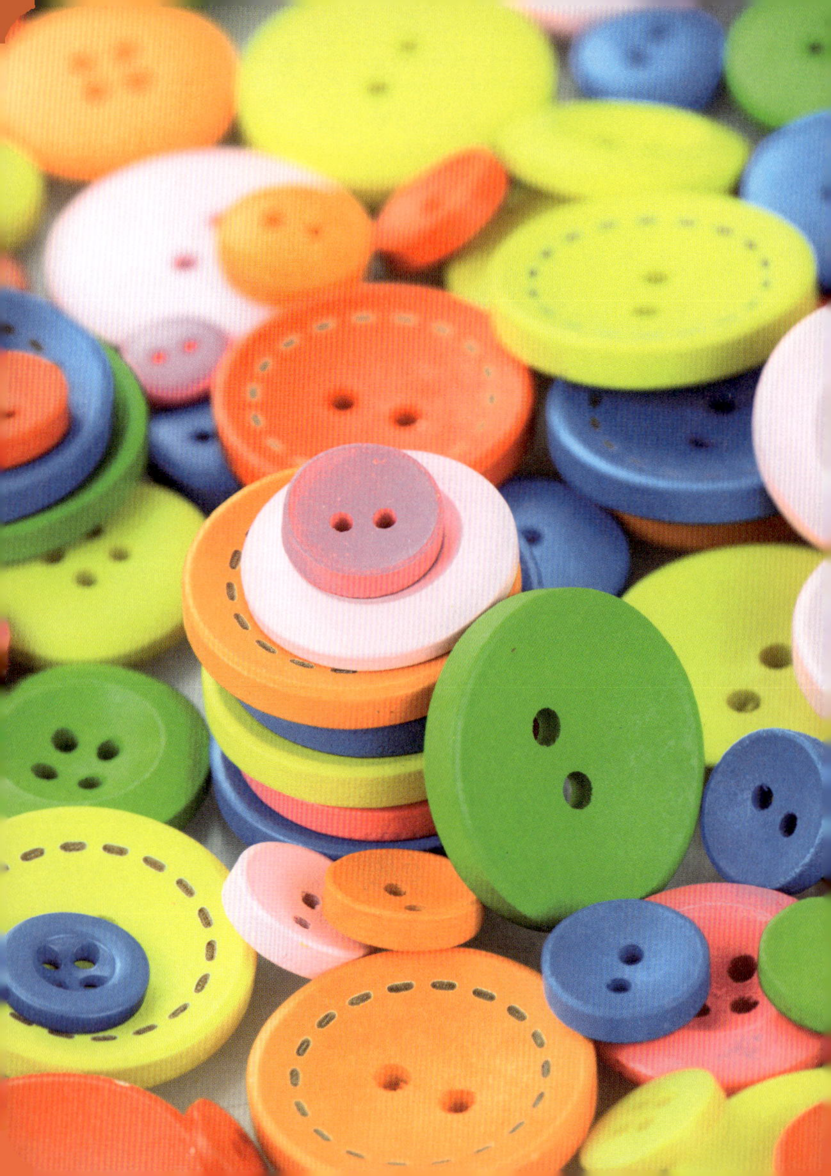

Unser Leben wird fröhlicher,
wenn wir farbenfroher denken.

KATJA HEIMBERG

Die höchste Form des Glücks ist ein Leben mit einem gewissen Grad an Verrücktheit.

ERASMUS VON ROTTERDAM

Das Glück wohnt nicht im Besitz und nicht im Gold,

das Glücksgefühl ist in der Seele zu Hause.

DEMOKRIT

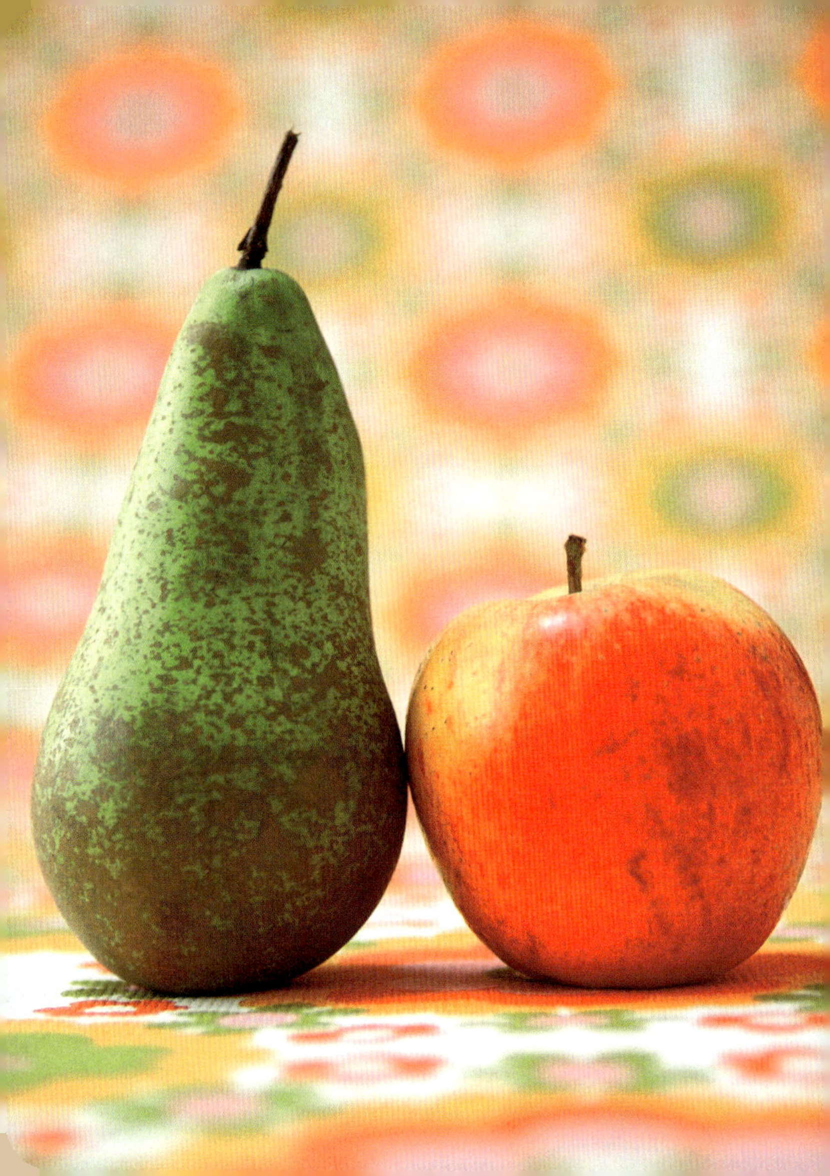

*g*lücklichsein heißt auch,

sich selbst zu mögen, so wie man ist.

UNBEKANNT

glück ist, am Abend

dankbar auf den Tag zurückzublicken.

NINA SANDMANN

Jedes Lachen vermehrt das Glück auf Erden.

JONATHAN SWIFT

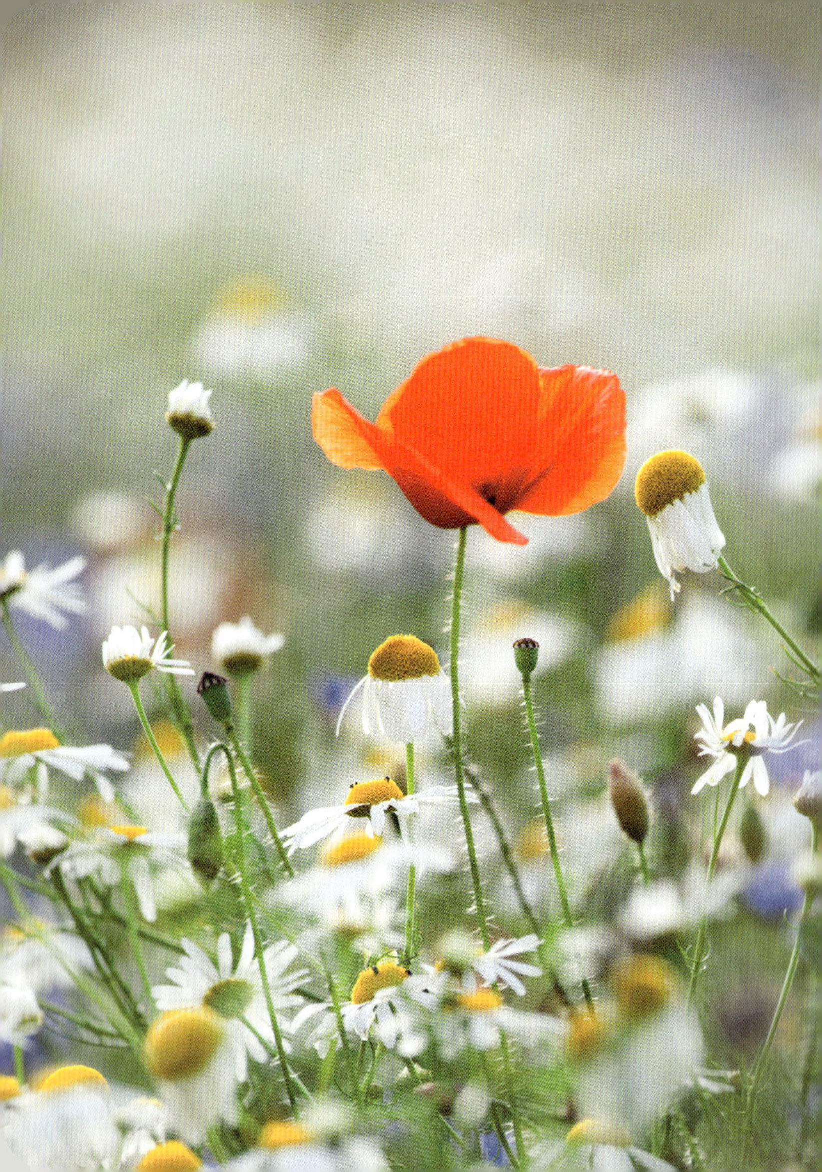

Lerne nur das Glück ergreifen,
denn das Glück ist immer da.

JOHANN WOLFGANG VON GOETHE

glückliche Augenblicke

machen das Glück des Lebens aus.

AUS SPANIEN

Den Mutigen hilft das Glück.

TERENZ

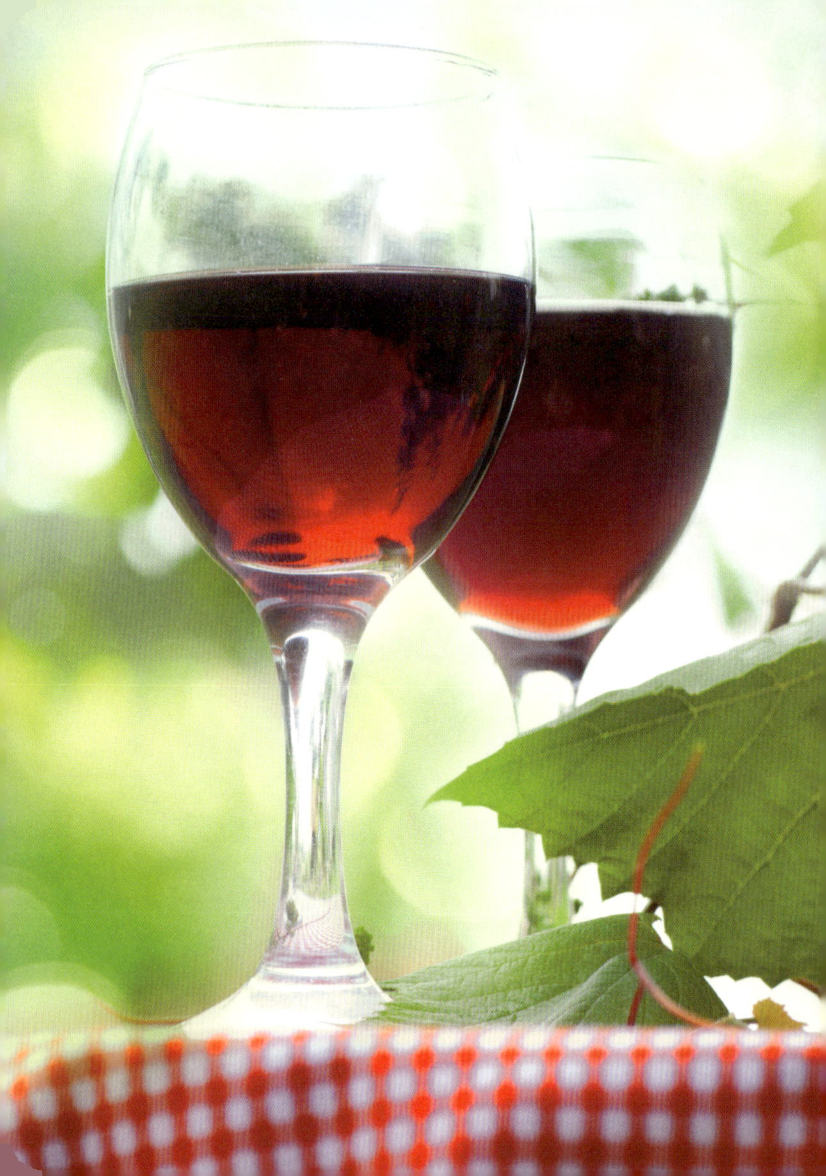

Bei einem Glas Wein mit guten Freunden
über Gott und die Welt reden – das ist höchstes Glück.

ARTHUR LINDNER

Deine erste Pflicht ist es, dich selbst glücklich zu machen.
Bist du glücklich, so machst du auch andere glücklich.

LUDWIG FEUERBACH

Die Freude und das Lächeln

sind der Sommer des Lebens.

JEAN PAUL

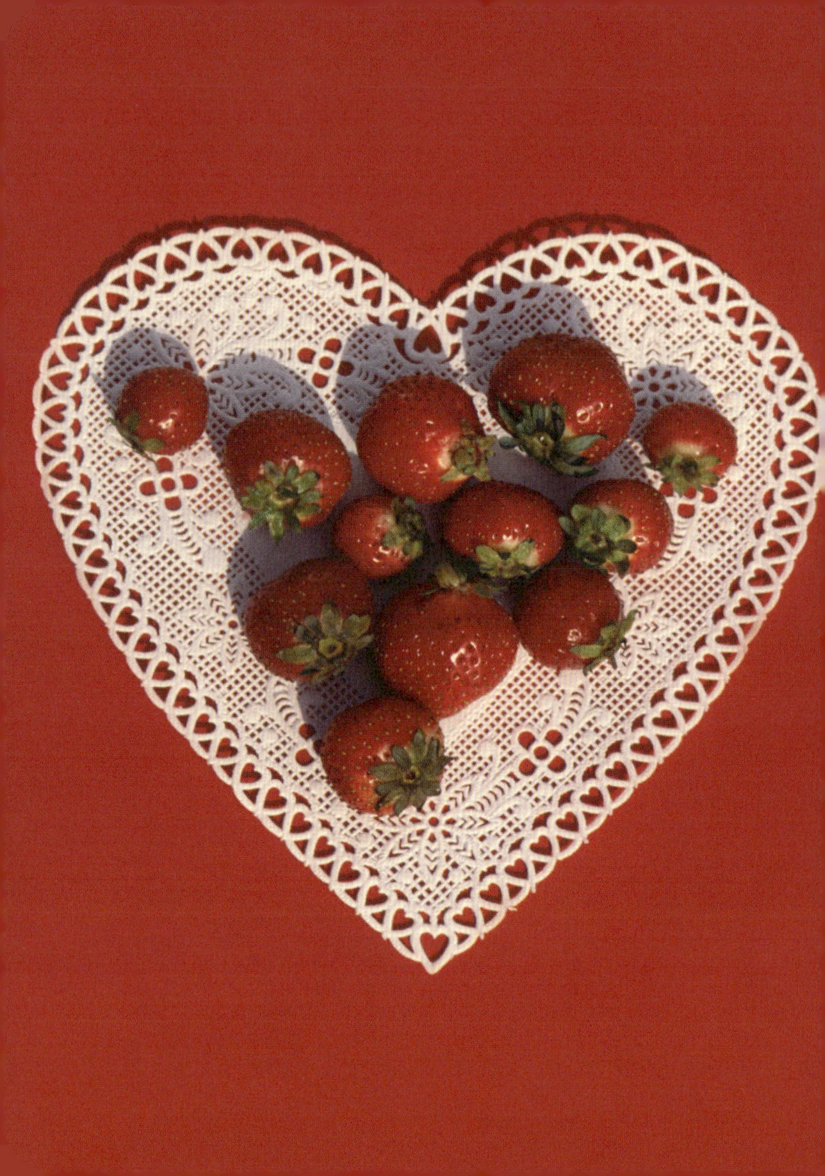

Wo Herz ist, da ist auch Glück.

AUS POLEN

Erwarte das Glück nicht auf seltenen Wegen.
Such es im Alltag.

                MARIE HÜSING

glückliche Momente, die wir gemeinsam genießen,
sind die schönsten Geschenke des Lebens.

ALEXANDRA HEINRICH

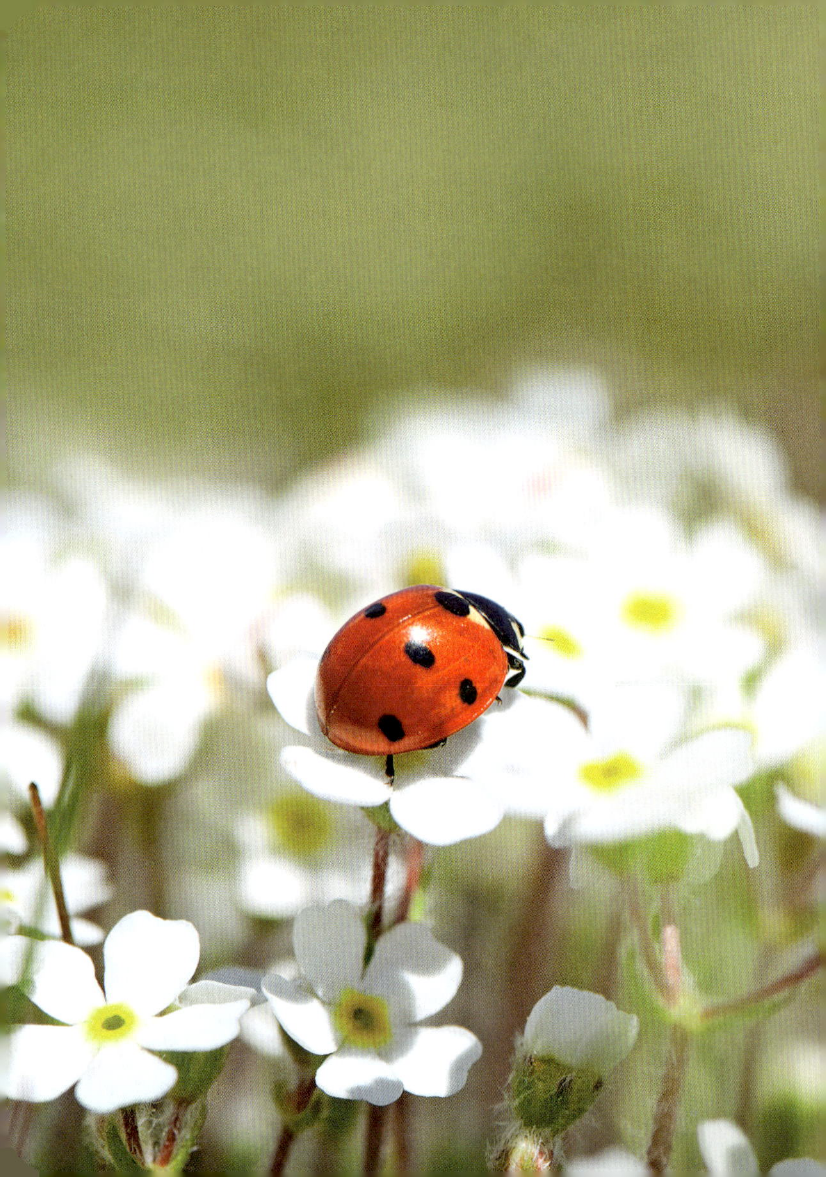

Die Welt ist voll von kleinen Freuden,
die Kunst besteht nur darin, sie zu sehen,
ein Auge dafür zu haben.

LI TAI-PE

Es gibt kein vollkommeneres Glück,
als die Ruhe in sich selbst.

GÜNTER GOEPFERT

glückseligkeit besteht nur in Augenblicken.

CAROLINE VON SCHELLING

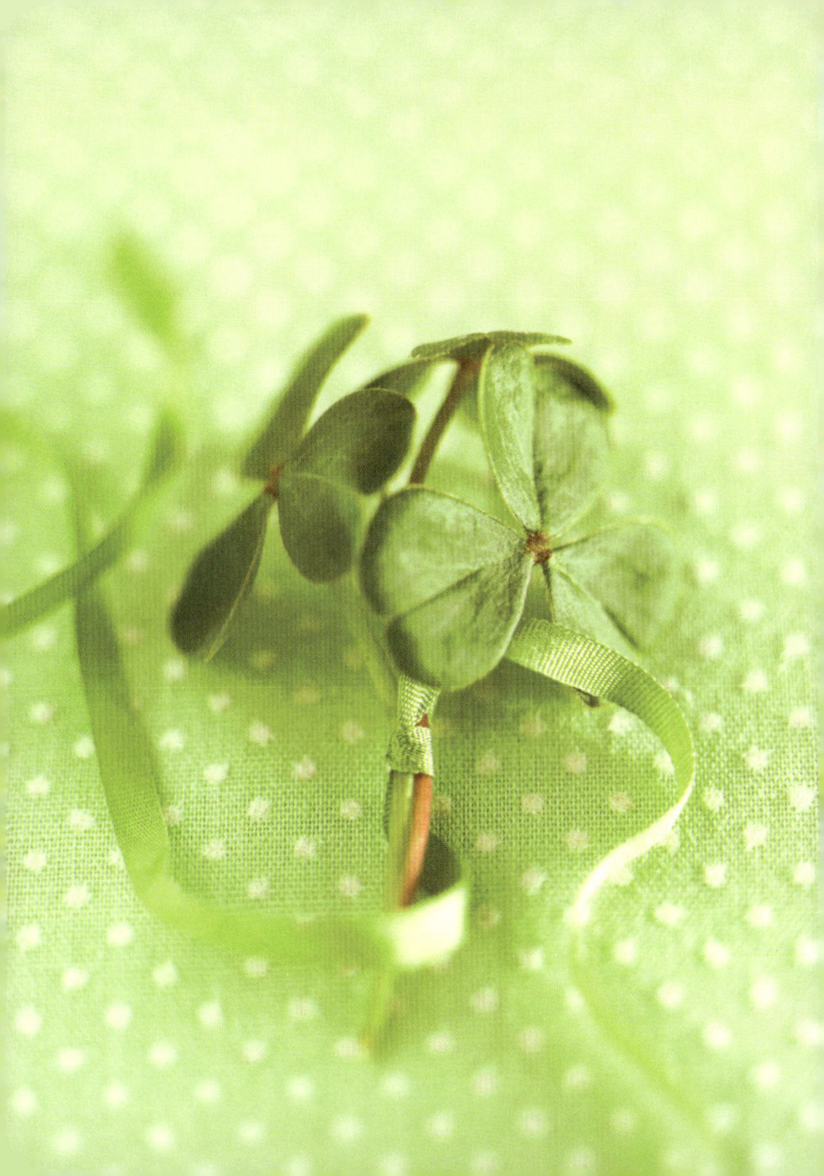

Vertraue auf dein Glück – und du ziehst es herbei.

SENECA

Jeder Tag bringt uns das Glück eines neuen Anfangs.

ELLEN HASSMANN-ROHLANDT

Man darf nicht verlernen,
die Welt mit den Augen eines Kindes zu sehen.

HENRI MATISSE

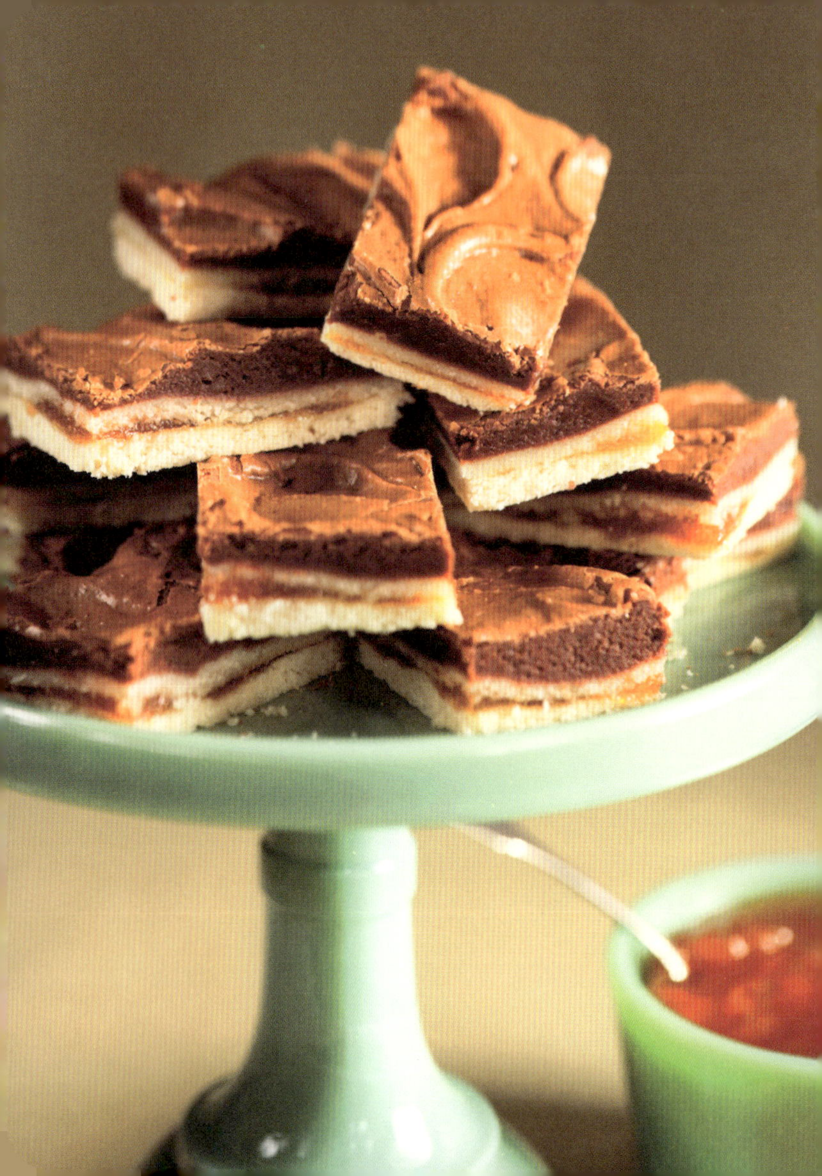

Das Glück ist ein großer Kuchen:
Man kann ihn nur essen, wenn man ihn teilt.

THOMAS ROMANUS

*g*lück, das ist mit beiden Händen Blumen halten.

AUS FRANKREICH

Man benötigt nur wenig,
um ein glückliches Leben zu führen.

MARC AUREL

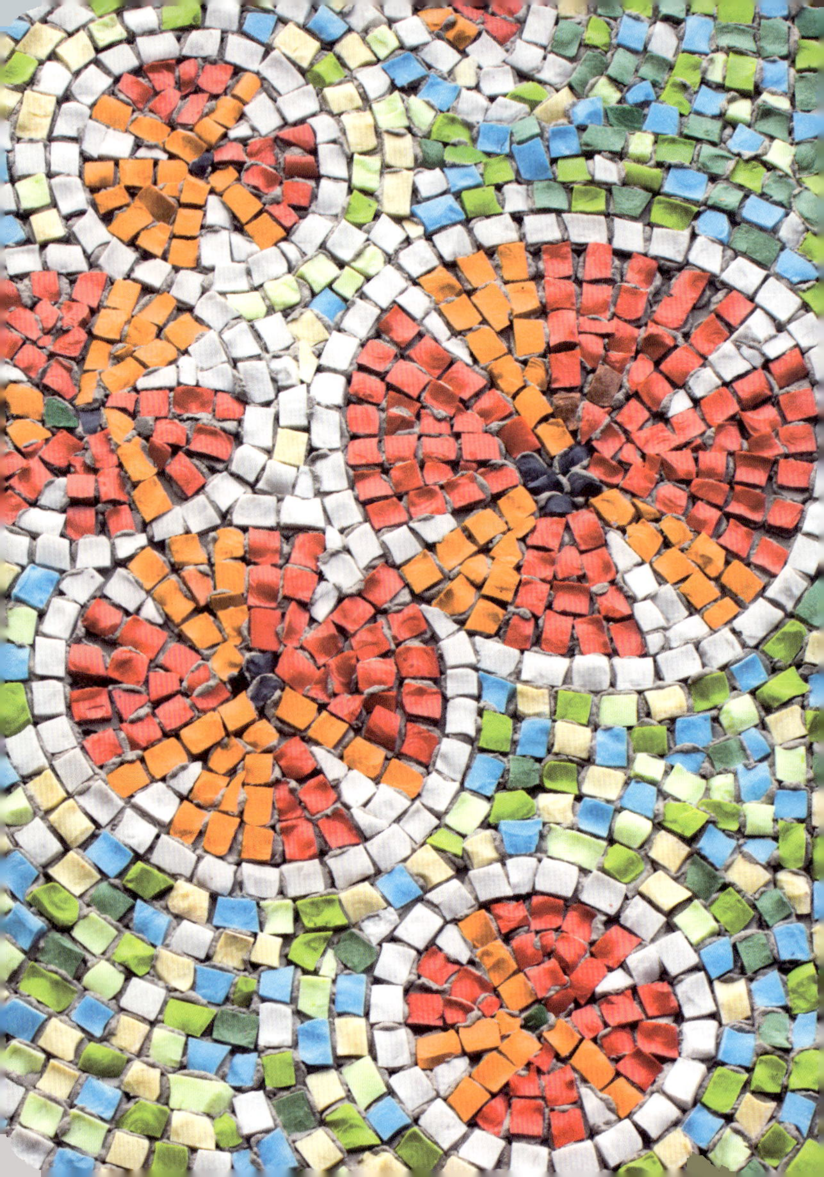

Das Glück ist ein Mosaik
aus winzig kleinen Freuden.

MONROIS

Der richtige Augenblick zum Glücklichsein ist jetzt!

RAINER KAUNE

gib jedem Tag die Chance,

der schönste deines Lebens zu werden.

MARK TWAIN

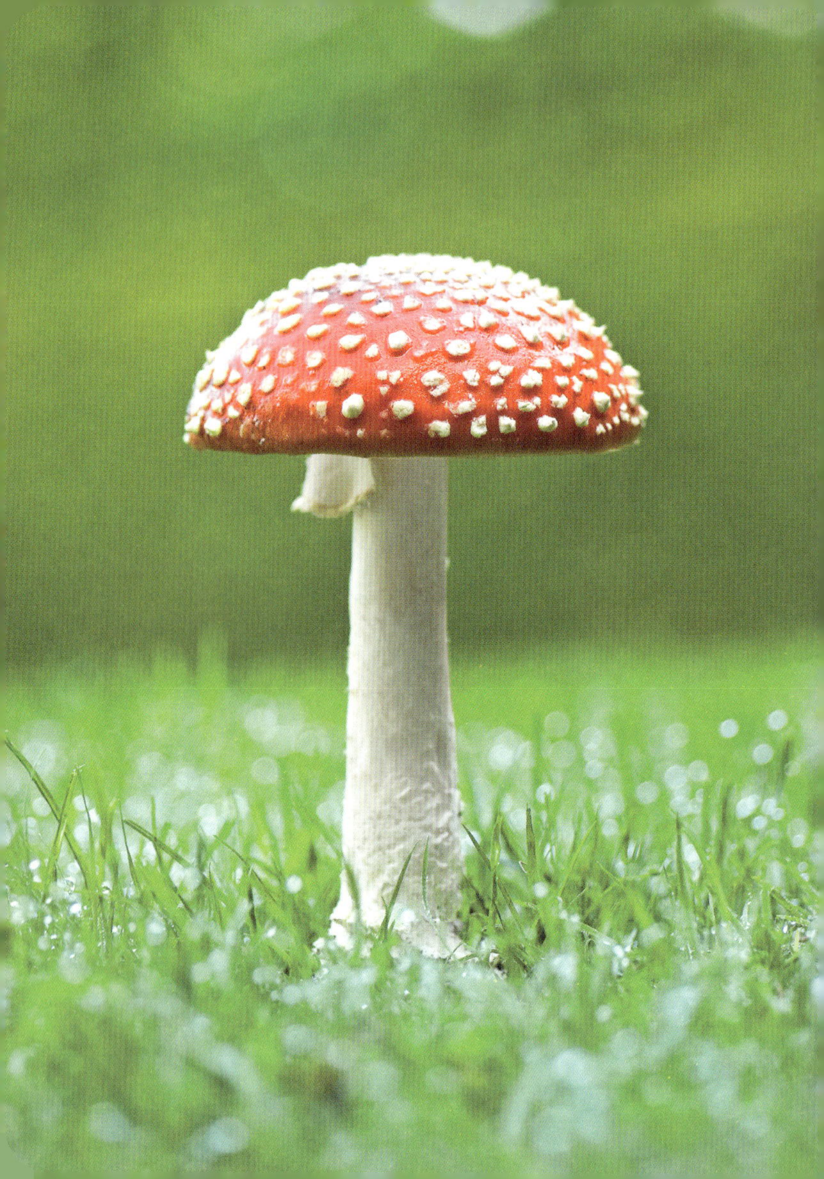

Wer an das Glück glaubt, der hat Glück.

FRIEDRICH HEBBEL

Bildnachweis:
Titel, Rückseite: Diana Müller/fotolia; S. 10: Jupiterimages/Thinkstock; S. 22: Lisa Hubbard/Foodpix/
Getty Images; S. 34: Tom Merton/OJO Images/Getty Images; S. 46, 70, 82, 106: iStockphoto/
Thinkstock; S. 58: Valueline/Thinkstock; S. 94: Getty Images/Thinkstock; S. 118: Julie Toy/Botanica/
Getty Images; S. 130: Dennis Gottlieb/StockFood Creative/Getty Images; S. 142: Hemera/Thinkstock;
S. 154: Lee Avison/GAP Photos/Getty Images.

Textnachweis:
Wir danken allen Autoren bzw. deren Erben, die uns freundlicherweise die Erlaubnis zum Abdruck
von Texten gegeben haben.

Idee und Konzept:
Groh Verlag. Das Werk einschließlich seiner Teile ist urheberrechtlich geschützt.
Jede Verwertung außerhalb der engen Grenzen des Urheberrechtsgesetzes ist ohne Zustimmung des
Verlages unzulässig und strafbar. Das gilt insbesondere für Kopien, Einspeicherung und Verarbeitung
in elektronischen Systemen.

ISBN 978-3-86713-813-0
© Groh Verlag GmbH, 2012

Ein Lächeln schenken

Geschenke sollen ein Lächeln auf Gesichter zaubern und die Welt für einen Moment zum Stehen bringen. Für diesen Augenblick entwickeln wir mit viel Liebe immer neue GROH-Geschenke, die berühren.

In ihrer großen Themenvielfalt und der besonderen Verbindung von Sprache und Bild bewahren sie etwas sehr Persönliches.

Den Menschen Freude zu bereiten und ein Lächeln zu schenken, das ist unser Ziel seit 1928.

Ihr

Joachim Groh